这样教孩子相处，孩子最受欢迎

LET'S BE FRIENDS:

A WORKBOOK TO HELP KIDS LEARN SOCIAL SKILLS AND MAKE GREAT FRIENDS

[美] 劳伦斯 · 夏皮罗 著
张 倩 译

辽海出版社

图书在版编目（CIP）数据

这样教孩子相处，孩子最受欢迎 /（美）夏皮罗著；张倩译. -- 沈阳：辽海出版社，2014.12
ISBN 978-7-5451-3202-1

Ⅰ. ①这… Ⅱ. ①夏… ②张… Ⅲ. ①家庭教育 Ⅳ. ①G78

中国版本图书馆 CIP 数据核字（2014）第 249283 号

辽宁省版权局著作权合同登记：图字 06-2014-225

责任编辑：刘波
责任校对：汉风
装帧设计：杜帅

出版者：辽海出版社
地　址：沈阳市和平区十一纬路 25 号
邮政编码：110003
电　话：024-23284469
E-mail：dyh550912@163.com
印刷者：香河县宏润印刷有限公司
发行者：辽海出版社

幅面尺寸：170mm×240mm
印　张：9.5
字　数：100 千字

出版时间：2015 年 3 月第 1 版
印刷时间：2015 年 3 月第 1 次印刷
定　价：29.80 元

目录
Contents

Contents

Contents

写给家长的话

A Note to Parents

现在的很多孩子在交朋友方面都有或多或少的问题。在假期里，他们很少出去玩游戏，平时也很少到其他小朋友家里去玩。长此以往，他们很有可能被其他小朋友嘲笑或者冷落。

当家长们发现其他孩子看起来很活跃地与人交往而自己的孩子却交友困难的时候，往往非常着急。其实解决方法很简单：运用本书中既充实又有趣的活动，教给你的孩子与别人交往所需要的特殊的感情技巧和交往技巧。一旦孩子们学会了这些技巧，就会受用一生。

孩子们不需要掌握每一个技巧，因为即使掌握了其中一部分也能解决他们与人交往中的问题。事实上，哪怕学习书中40个技巧中的一个，都会起到很好的效果。在教孩子学习这些技巧之前，请通读本书，看看有哪些特别能够让孩子受益的内容。

书中的活动是根据情感智力理论编写而成的，该理论认为感情技巧、行为技巧和交往技巧如同运动、音乐和学术知识一样，可以通过某种方式学习。每个活动开始都强调出孩子需要了解的关于交朋友的重要贴士；接下来的部分提供了更多学习这一技巧的活动；最后一部分提出问题，让孩子们思考他们所学到的东西。孩子们可以大声说出问题的答案，但是如果他们能在你的帮助下写出答案，效果会更好。如果孩子能坚持在书中写出问题的答案，你就能够随时回顾这些问题，同时检查你的孩子是不是学到了新的知识，抑或是还在使用原来的方式交朋友。

很多活动可以由孩子独立完成，但是如果有大人的指导，这些活动将会产生更好的效果。根据你的经验，你应该知道改变一个人的行为并不容易，所以你对孩子的支持会非常有用。

这本书是你帮助孩子交到朋友的一个起点。真正的学习开始于你的孩子将所学到的知识应用到与同龄人交往的过程中，而这一切都发生在你的视线之外。但是这并不意味着离开这本书，你对孩子的帮助就结束了。你可以继续做孩子的交友教练，鼓励孩子继续尝试新想法，思考它们是怎样起到作用的，从而结交新的朋友。

你可能发现和孩子谈论某些问题非常困难。在孩子不想说话的时候，不要强迫他。让孩子开口的最好办法是亲自做示范。针对每个活动，你可以说出自己的想法、感觉以及经历，强调应积极地解决问题。此时即使孩子一句话也不说，你所讲的话也已经开始影响他了。

如果尝试了书中的活动之后，你的孩子仍然感到与同龄人交往很困难，那么请咨询专业指导。一些孩子难以交朋友是因为他们的思维方式和其他孩子的思维方式不一样。他们可能无法控制自己的愤怒，可能因内心焦虑而无法适应新的环境，或者可能无法对别人感同身受，不能从他人的观点看待问题。这些问题可以在专业咨询师的指导下解决。如果你关心孩子的社会交往能力，你可以咨询心理咨询师，这样你们可以评估孩子是需要专业治疗还是仅需家人多加指导就能够解决问题。

如果你的孩子确实需要专业指导，这本书也会给你带来帮助。请将本书带给孩子的咨询师，他们可能会有其他办法，从而让本书更好地发挥作用。

只要你保持耐心，尊重孩子的感受，你可以用各种方式使用本书。做一个好家长是世界上最重要的工作，我们祝愿你取得成功！

作者敬上

写给小朋友的话

Introduction for Kids

亲爱的小朋友：

你好！如果有人给你这本书，可能是因为你交朋友时遇到了困难。如果是这种情况，你也不要觉得有什么不好，因为很多小朋友都会在交朋友的时候遇到麻烦。这本书会教给你很棒的方法，帮助你交朋友并且从中获得快乐。

还记得你第一次学骑自行车或第一次学游泳吗？刚开始很困难，但是练习几次之后，就变得很容易了。学习交朋友也是这样的。

这本书中一共有40个活动，会教你关于交朋友的很多事情。你能学会讲礼貌，这样其他小朋友都会喜欢和你在一起；你能学会怎样读懂身体语言，这样你就会判断其他小朋友在想什么；你能学会几乎没几个人知道的秘密，比如怎样对待嘲笑和批评。

我们希望这本书能带给你乐趣和帮助，希望你能交到越来越多的新朋友。

祝你好运，祝你开心！

作者

Section 1

第一部分

交朋友

Making Friends

在人群中，有的孩子很外向、很爱说话，但是有的孩子很害羞、很安静。一些孩子擅长运动，能够在运动队中交到朋友，而另一些孩子不爱运动，不喜欢成为团队中的一员。

每个人都是不同的，但是每个人都能交到朋友！这里的窍门就是，找到那些喜欢你的人，还有那些和你喜欢同样东西的人。

这部分的活动会帮助你思考你是什么样的人，并且让别人知道你有什么特别之处。它们还会帮助你思考什么样的品质最有可能让大家成为好朋友。

关于你

小贴士

你对自己了解得越多，就越容易找到合适的朋友。

你是世界上独一无二的。你有聪明才智、有自己的朋友、有特长、有喜欢和讨厌的事物、有自己的计划和经历，这一切都让你与众不同。人是不断成长变化的，所以我们不可能总结出一个人的全部特点。但是，你对自己了解得越多，你就越容易找到合适的朋友。想一想，你的兴趣是什么，你擅长做什么，什么对你最重要？让我们从了解自己开始吧！

活动1

你要去做的

在下面的空白处画一幅关于你自己的画。比如你在玩最喜欢的游戏，在和你最喜欢的人或者小动物一起玩耍或者你周围都是自己喜欢的东西。总之，你想画什么就画什么。

姓名____________________ 年龄____________________

关于你自己，你画了些什么？

你觉得画里面最重要的东西是什么？

更多要做的……

我的家庭成员有：______________________________

____

我最喜欢的书是：______________________________

我最喜欢的电影是：______________________________

我最喜欢的音乐类型是：______________________________

我最喜欢的动物是：______________________________

我最喜欢的食物是：______________________________

我最喜欢的运动是：______________________________

我擅长的事：______________________________

我希望在这些事情上做得更好：______________________________

我很关注自己的：______________________________

当我变老了，我想做这些事情：______________________________

寻找共同的兴趣

小贴士

如果孩子发现他跟另外一个人有共同的兴趣，比如都喜欢阅读或骑车，那么他会很容易和那个人成为朋友。做你们都喜欢做的事情是了解新朋友的好方法。新朋友甚至能帮助你发现更多可以分享的共同兴趣。

小威廉走进新学校的大校门，里面的教学楼恐怕有原来学校的四倍，楼里的一切看起来巨大无比。教室门像高塔一样耸立在小威廉面前，连同学们都显得那么高大。小威廉感觉自己走进了一个全新的世界，这里没有他熟悉的东西。他想交朋友，可是又担心自己和新同学没有共同的兴趣。

到了吃午饭的时间，小威廉环顾四周，想找些看起来比较友好的同学。这时，班上的一个男孩子朝他挥手，小威廉走过去问道："我可以和你们坐在一起吗？""当然。"同学们正在讨论大家都看过的一部电影。阿曼达说这是最好看的一部电影。小威廉也这么觉得，他问大家："你们有谁看过这本书吗？"特雷弗说他看过。他和小威廉一样喜欢这本书，但他们两个都认为电影比书更好看。伊桑对小威廉说："我们打算星期六去看电影，你想一起吗？"

小威廉笑了。他已经开始交朋友了。

活动2

你要去做的

给想象中的笔友写一封信，向他描述去年夏天令你难忘的美妙经历。可以写你做过的或看到的事情，也可以写写发生在你自己身上的事情。别忘了问问你的笔友，去年夏天他是怎样度过的。

更多要做的……

想一个对你最重要的人或者和你最亲近的人。你最喜欢他哪一点？

____

请用四个词来描述这个人：

1.______________ 3.______________

2.______________ 4.______________

至少写下你和这个人的两个共同点：

____

你们两个有什么不同的地方？

____

你可以从这个人身上学到什么？

____

你可以教给他什么？

____

活动3

在哪里结识新朋友

小贴士

你可以通过不同的方式结识新朋友。其中一个简单的方法就是通过你们共同的兴趣。还有一个好方法就是要心胸开阔，因为有些人可能一开始你并不喜欢，但是最后却能成为你的好朋友。

雷恩和科迪在不同的班级，他们也并不了解对方。实际上，他俩从来没有说过话，雷恩还觉得科迪看起来有点奇怪——不是他喜欢的那种朋友类型。

雷恩每天放学都要遛狗。他经常看见科迪也在那时候遛他的小狗。一天下午，这两条小狗一起玩了起来，于是两个小男孩开始谈论起他们的小狗来。第二个星期，学校成立了一个新的体操俱乐部，第一次开会的时候，雷恩和科迪都去了。开完会，两个人谈论起各自最喜欢的奥林匹克运动员，雷恩发现，科迪真的很酷，一点也不令人讨厌。

你要去做的

从旧的杂志、报纸或目录中找一些活动或地点的图片，要求在这些图片中你能够找到跟你有共同兴趣的孩子。把这些图片拼贴在下面的空白处。

活动3

更多要做的……

想一想现在对你来说最重要的两个朋友，你是在哪里结识他们的？

____

____

你的大部分朋友是在哪里结识的？

____

____

写一写你结识一个好朋友的最意想不到的方式。说说你们当时在干什么，你对他的第一印象是什么，你们怎样开始的这段友谊？

____

____

____

____

____

友善的孩子更易交到朋友

小贴士

我们都喜欢跟友善的人在一起，表现友好的孩子更容易得到人们的关注和了解。一个友好的招呼能够立刻让别人感到温暖，而打招呼的人也会感觉如此。

做个友善的人，一方面要向其他孩子表现出你很高兴和他们在一起并且对他们很感兴趣；另一方面还意味着你要让其他孩子有机会了解你自己——你的兴趣、你的幽默感、你喜欢干什么，还有你对事情的一些看法。两个人互相了解得越多就越容易变成朋友。

想一想，如果你和班上的一名新同学打招呼，而他仅仅站在那里，眼盯着自己的脚趾头、双手抱肩，你会有什么感觉？再想一想，如果他微笑着也跟你打招呼，你又感觉如何呢？

表达问候、关心别人、提供帮助、眼神交流，以及放松心态，都能够让其他孩子知道你是一个友善的人。一旦他们看到你的友善，他们也会放松下来，友善地对待你。

活动4

你要去做的

简刚刚开始参加一项新的课外活动。她见过其中几个同学，但是跟他们都不熟。参加这项活动的没有她班上的其他同学。尽管她在自己的班里有朋友，但是她也想交一些能一起参加课外活动的好朋友。

下面是三幅课外活动的画面，你能帮简想几个友善地对待新同学的方法吗？

你认为简应该先和哪一组的同学说话？在那幅图片上画“√”。说说你为什么选择那一组。

____

当简慢慢靠近同学们时，她应该怎么说呢？

____

简应该怎么做才能让同学们知道她想和他们交朋友呢？

____

____

更多要做的……

是什么让你觉得一个人是友善的?

友善的孩子会说什么或者做什么?

说一说你想和一个人交朋友时的情形，你是怎样让他知道的?

活动5

留下一个好的第一印象

小贴士

当你开始接触其他小朋友的时候，一个好的第一印象对你会非常有帮助。尽力去做，如果你感觉你给别人留下第一印象不好也没关系，下次注意就是了。

凯尔酷爱音乐，他喜欢识谱、弹奏，还有作曲。他曾用哥哥的旧电子琴练习了好几个月。凯尔非常想认识一些和他同样对音乐着迷的孩子。尽管他有点害羞，可他还是打算报名参加学校的乐队。当他来到乐队，那股害羞让他不知所措。他不知道该跟其他同学说什么，尤其是他们看起来彼此都很熟悉。凯尔觉得又孤独又难受。

回到家，哥哥问他情况怎么样。凯尔说："糟糕透了，没有人跟我说话，我一个人一直站在那里，感觉痛苦极了。"

"你准是一脸的痛苦相，"哥哥说，"你愿意和一个看起来想独自待着的人说话吗？我敢说要是你主动跟人打招呼或者跟别人聊聊他们的乐器，肯定会有意思得多。"哥哥出去打篮球了，小凯尔打算让自己看起来更友好，更放松。

在乐队下次集合的时候，凯尔对旁边的男孩儿微笑并问他参加乐队多久了。两个男孩聊得非常投机，并且发现他们最喜欢的乐队竟然是一样的。

你要去做的

站在镜子前，练习用不同的方式跟自己说“你好”。刚开始你可能觉得这个方法很笨，但是无论如何要去试一试。简单描述一下你都用了什么方式。

试一试对着镜子里的自己皱眉。你感觉如何？

用什么方式打招呼效果最好？说说为什么。

活动5

更多要做的……

当你第一次见到别人，你会在他身上寻找什么呢？

____

____

____

____

你的朋友或家人是怎么描述你的呢？

____

____

____

____

写下四个别人用来描述你的性格的词语。

1.____________________ 3.____________________

2.____________________ 4.____________________

做个受欢迎的人

小贴士

很多人只在很短的一段时间内受到欢迎，比如一个星期内或一个暑假里。这有时是建立在对别人刻薄或者将别人排除在外的基础上，这样的友谊是不会持久的。真正的好人缘需要拥有持续多年的友谊，而这种友谊来源于你带给别人的舒适感。

诺拉总能得到她想要的，没有人能够阻拦她。她看起来有很多朋友，但这些孩子其实并不喜欢在她身边。她有时候对一些人很友好，而对另外的人就很刻薄，因此，在她身边的人只是想成为她友好对待的那部分人。每个人在诺拉身边都感到很紧张，他们总是尽量去讨好她，但愿不要被她说坏话。如果你属于诺拉的好朋友这边，她就会对你非常好，让你觉得自己很特别。可是一周过后，她就又变了。

杰瑞德刚转到这个学校的时候，他微笑着跟诺拉打招呼，可诺拉瞪了他一眼就走开了。这个学期结束的时候，杰瑞德跟学校里另外几个同学成立了一个乐队，他们还获得了学校才艺比赛的大奖。杰瑞德还成功地当选为班长。他对每个人都很友好。

诺拉试图跟别的孩子讲杰瑞德的坏话，可是这一次，她没有达到目的。杰瑞德努力地去结交朋友，他交到的朋友都是他一生的挚友。

活动6

你要去做的

帮助诺拉冲出刻薄岛，找到人气之地吧。

更多要做的……

想一想你认识的真正受欢迎的孩子都有谁？你觉得是什么使他们受欢迎呢？

他们有什么共同之处？

他们有什么与众不同之处？

活动7

你的社会关系网

小贴士

你的社会关系网是由你认识的人构成的——你的亲密朋友、你见过的人、你朋友的朋友。你已经认识的人越多，你将要认识的人就越多。

有时候人们会害怕跟陌生人打交道。即使是成年人，跟陌生人见面有时候也会紧张，这很正常。

这可以帮助你记得你所见到的每一个人的特别之处。他们可以跟你很像，跟你有一点像，或者跟你完全不像。但是每一个人都像是一个全新的世界，等着你去学习。

你要去做的

在圆圈中写下你自己的名字。然后写下你的社会关系网中六个重要的人的名字。在每个名字下方，写下这个人曾让你受益的一种才华、能力或品质。

姓名：________________

____

姓名：________________

____

姓名：________________

____

姓名：________________

____

姓名：________________

____

姓名：________________

____

更多要做的……

你的社会关系网中的小朋友都有什么不同的才艺？

有别的孩子请你帮忙解决一个他们认为你能够解决的问题吗？说一说当时的情况。

有没有一次你曾请求你社会关系网中的一个人给予你特殊的帮助？说一说是什么样的情况。

接触其他人

小贴士

开始一段友谊的一个好办法就是邀请另外一名同学放学和你一起到学校外玩。你们可以进行体育运动，看电影或一起完成一个项目。即使你担心他已经有其他的计划，或者他可能对你的计划不感兴趣，无论如何也应该试着去邀请他。你要让他知道你想和他成为朋友。

摩根刚搬了新家。她每个周末仍然会和老朋友们聚会，大家在一起玩得很开心。但是到了新学校，她常常感到很孤独，觉得自己不属于那里。姐姐对摩根说："不能指望其他孩子读懂你心里在想什么，如果你不说出来，他们怎么会知道你想和他们成为朋友呢？"

摩根想和玛利亚交朋友，她们两个都在同一个体育班上。玛利亚看起来很善良。她的篮球打得很好，而且还乐于助人。她看起来也很友好。摩根记得她第一次来到学校时玛利亚跟她打过招呼。

摩根的新家里有一个篮球架。有一天下了体育课，摩根想起了姐姐说的话，于是她走向玛利亚，微笑着说："你进了个好球啊。"

“噢，谢谢你！”玛利亚也微笑着说。

“刚好有人送给我一个新篮球作为生日礼物，”摩根说，“这个周六你愿意来我家吗？我们可以一起投篮。”

你要去做的

下面是玛利亚可能做出的几种回答。在每种回答下面的横线上，写出摩根应该说的话。

如果玛利亚说：“太好了，我非常愿意去。”
摩根应该说：

____

____

如果玛利亚说：“恐怕不行，这个周六我要去我姑姑家。”
摩根应该说：

____

____

如果玛利亚说：“我周六早上有篮球练习课，不过仍然谢谢你。”
摩根应该说：

____

____

更多要做的……

讲一讲别人试图和你交朋友的一次经历。

你有什么反应？

讲一讲你邀请陌生人和你一起做事情的一次经历。

那个人对你的邀请是怎么回答的？

Section 2

第二部分

了解社会规则

Understanding Social Rules

你认为规则是个好东西吗？很多小朋友不喜欢规则，但是规则对于和别人相处来说非常重要。

想象一下世界上如果没有餐桌礼仪，人们会抢着吃饭、用手抓食物、打饱嗝儿、做各种各样不雅观的行为。大块头的人很可能把所有吃的都抢过来，而小不点们就没有多少可吃的了。

想象一下世界上如果没有交通规则。司机们想开多快就开多快，没有人知道哪里会有路口，到处都会有交通事故。

现在想象一下世界上如果没有社会规则。人们不会说“请”或“谢谢”，也不会说“你好”或“再见”。每个人只做自己想做的事情，世界将变得多么疯狂！即使动物也需要有社会规则。你看到过动物园里的一群鸟或者一群猴子吗？动物们不会说话，但是它们仍然遵守规则，融洽地相处。

这部分将教你与小朋友交往的社会规则。你可能已经知道其中的一些，可另外一些你还不知道。你了解的社会规则越多，你就会越容易交到好朋友。

做个社交小侦探

小贴士

观察其他孩子，你就能知道自己该如何表现才能让别的孩子愿意成为你的朋友。你还能知道什么样的行为可能会使其他孩子远离你。

做个社交小侦探不是说要藏在角落里，从远处窥视别人。它的意思是要关注别人在不同场景中的行为，还要观察别人的行为具有什么样的效果。比如，如果超市收银员态度恶劣会怎样呢？如果一个孩子总是拒绝和别人一起玩会怎样呢？如果一个人总是待人友善、乐于助人又会怎样呢？

活动9

你要去做的

做一天的社交小侦探，观察别人如何通过自己的行为影响周围的人。你随时随地都可以观察，比如在学校、在家、外出时，甚至在商店或者图书馆。然后将你所观察到的写在下面。（第一行为示例）

谁做的	开始发生了什么	后来发生了什么
公共汽车上的一个男孩	他对另外一个孩子微笑。	他们两个开始交谈了。

更多要做的……

讲一讲你曾经说过某些话或做过某件事改变了某种情况。

与他人打交道时，什么样的行为看起来最有效果？

什么样的行为最没有效果？

活动10

成为团体中的一员

小贴士

当孩子们试图建立一个小团体时，第一步是要找到大家的共同点。

一个小团体中的成员通常会互相关心，喜欢彼此在一起。他们会在一起度过很多时间。将这个团体维系在一起的往往是大家共同的兴趣。共同之处可以非常具体，比如在当地狗狗赛跑中认识的喜欢养狗的人。共同之处也可以非常简单，比如在同一个老师的班级上课。共同之处还可以非常广泛，比如大家都认为某个笑话很好玩。

你要去做的

下面是三个花园。埃里克已经在他的花园里种上了植物，另外两个花园也要种上植物。看看埃里克花园里的标签，你可以看看他和他的小团体有什么共同之处。在标有“我的家庭”的花园里，种上你和你家人的共同之处。在标有“我的朋友”的花园里，种上你和你的朋友共同的才艺、兴趣或优点。

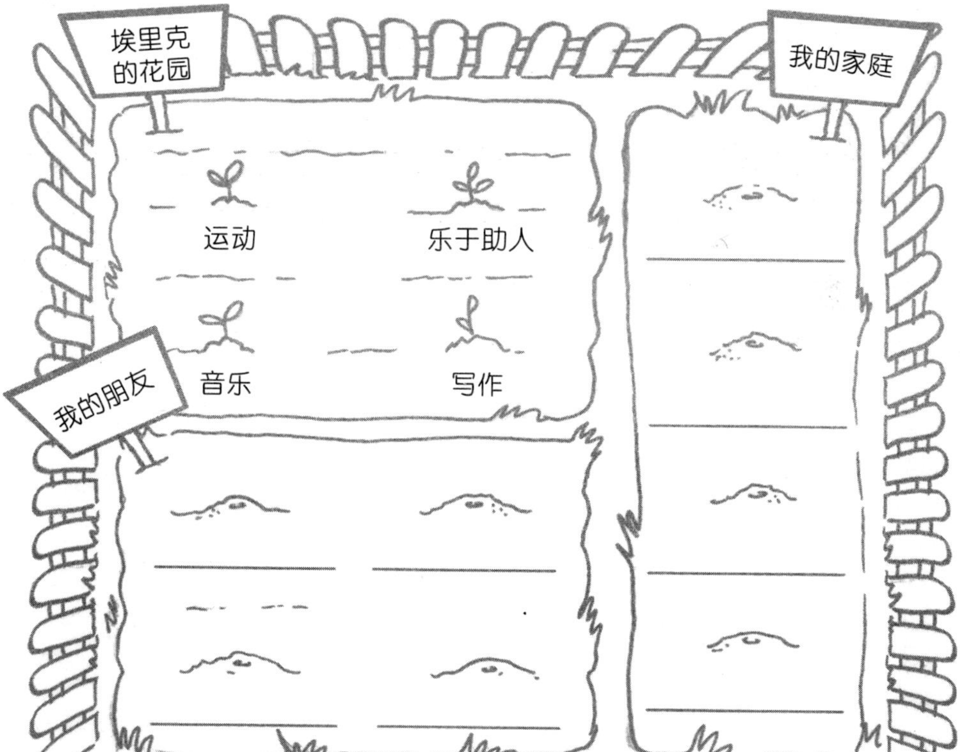

活动10

更多要做的……

为什么说共同兴趣对友谊非常重要？

____

你前面写下的内容中，什么对你最重要？

____

说话要得体

小贴士

你的话可以让别人感到舒服或难受，而你表达自己想法的方式也会影响到别人是否愿意与你友好相处。

杰克并不介意自己一个人玩儿，但是跟他最好的朋友肖恩和里德在一起玩儿时，什么游戏都会变得更有意思。一个周六的早晨，杰克想和朋友骑车去溜冰场。他戴上头盔，将溜冰板装在自行车后架上，来到了肖恩家里。他按了门铃，肖恩来开门，头上还顶着一个冰袋。

“我们去溜冰吧，”杰克笑着说，“骑上车，我们走吧。”

“哦，现在不行，”肖恩慢悠悠地说，显出一脸痛苦的表情。

“好吧，那以后再说。”杰克说着，就骑上车去里德家。他到了里德家，发现门是开着的，于是他就直接走了进去。他看见里德正在和弟弟一起吃早餐，两个人都还穿着睡衣。

“你想去溜冰吗？”杰克问道。

“现在不行，”里德说，“我们还在吃……”还没等里德说完，杰克就说：“好吧，那以后再说。”

那天下午，杰克骑车经过操场，他很惊诧地发现肖恩和里德正在那里玩！他走过去对他们说，“嘿，我还以为你们两个很忙呢，早上我找你们的时候，你们都不愿意出来和我玩！”

“我真的挺想和你一起玩的，”肖恩说，“可当时我刚摔了一跤，你没发现我头上还敷着一个冰袋吗？你甚至都没问问发生了什么事。”

“我也想去的，”里德说，“可是你没看见我当时在吃早饭吗？我想让你等我会儿，可你都没等我把话说完。”

“对不起，”杰克说，他深深地吸了一口气。“现在我能和你们一起玩吗？”这是杰克在那天说的最明智的一句话了。

你要去做的

乔恩总是努力寻找合适的话语。在下面的情景中，将乔恩可能说的话写下来。

活动11

更多要做的……

说一说什么时候你感觉很难找到合适的词来表达自己。

为什么很难确定该说什么？

说一说什么时候你知道该说什么。

为什么很容易知道该说什么？

读懂肢体语言

小贴士

说话不是我们交流的唯一方式。很多时候我们的身体也有自己的语言，它们甚至能够传达更多的信息。我们的身体有时候能够传达和话语相同的信息，而有时候则会传达不同的信息。

你和别人说话时有没有过这样的感觉，“她说她很高兴，可是她看起来并不是那样的。”也许你曾经因为下面的情形而伤心：当你在说话的时候，别人说他在听，可是却一直东张西望。

注意你的身体语言与注意你的讲话一样重要。想象你正在为你做过的一件错事道歉，如果你双手抱肩，皱着眉头从牙缝中挤出一句“对不起”，人们很可能根本不会把那当做是一种道歉。

人类是天生的社交侦探，我们能很容易就读懂一个人的身体语言。真正的侦探甚至能够通过身体语言来帮助判断人们是不是在说真话——一个人说一件事情时可能会眨眼或逃避眼神交流，这表现出他内心的紧张。

活动12

你要去做的

你是读懂身体语言的专家吗？在每张图片下面的横线上，写出你认为的图中人物的感受。

更多要做的……

你用什么样的身体语言可以告诉别人你的感觉：

疲惫？

____

____

有兴趣？

____

____

害怕？

____

____

放松？

____

____

活动13

讲礼貌

小贴士

讲礼貌会让别人感觉你关心他们。当你对别人有礼貌的时候，别人也会礼貌地对待你。

新机器人3000是一款出色的机器人。它可以举起是自己十倍大小的重物，跑的和火车一样快，还能在几分钟内解决几百道数学题。他的主要任务就是帮助人类。

但是有一个问题。这款机器人没有安装讲礼貌程序，所以它经常出麻烦。即使它尽力去帮助它的主人，主人也不愿意接受这么一个粗鲁的机器人的帮助。

你要去做的

在下面的横线上，写出五件新机器人3000需要做的事情，让它显得对人有礼貌。

活动13

更多要做的……

讲礼貌为什么很重要？

____

____

____

想一想你认识的一个有礼貌的人。写下他所做的显得有礼貌的三件事情。

____

____

____

讲礼貌会给别人带来什么效果？

____

____

____

电话礼仪

小贴士

通过电话认识别人，打电话给朋友以及接电话都有特殊的社会规则。

在电话中，你看不到和你交谈的人，所以你们不能看到对方的身体语言。你无法通过眼神交流或微笑来表示你的友好，但是你可以通过以下简单的规则来友好地与人交流。

1.使用一种友好的语气。

2.认真倾听。

3.不抢话。

活动14

你要去做的

若阿金和詹娜是邻居。一年夏天，她们想用两个杯子和一根线制作一个土电话。一天下午，若阿金没有用心交谈，这让詹娜很伤心。在下面的横线上重新写下若阿金正确的回应。

詹娜：喂？

若阿金：喂。

詹娜：你怎么样啊？

若阿金：我很好。真热啊。

詹娜：是啊，今天真是太热了。你打算干点什么？

若阿金：我不知道。可能和我哥哥去游泳，也可能去图书馆。

詹娜：我今天打算待在家里。

若阿金：听起来不错。

詹娜：嗯，我不怎么想出去。

詹娜：喂？

若阿金：喂。

詹娜：你怎么样啊？

若阿金：我很好。真热啊。

詹娜：是啊，今天真是太热了。你打算干点什么？

若阿金：我不知道。可能和我哥哥去游泳，也可能去图书馆。

詹娜：我今天打算待在家里。

若阿金：听起来不错。

詹娜：________________

若阿金：[沉默]

詹娜：喂？

若阿金：对不起，我走神了。

詹娜：不知怎么的，我好像只想和你一个人说话。

若阿金：挺好。嘿，我哥哥回来了，我得走了。

詹娜：好吧。

若阿金：再见。

若阿金：________________

詹娜：________________

若阿金：________________

詹娜：________________
____

若阿金：________________
____

詹娜：________________

若阿金：________________

活动14

更多要做的……

接电话的时候应该说什么？

____

____

如果你给朋友家里打电话，而他的父亲或母亲接了电话，你该怎么说？

____

____

挂电话的时候应该说什么？

____

____

邮件礼仪

小贴士

发邮件是和朋友联系的一种简便的方法，但是给别人发邮件时，也要注意礼貌。

写邮件的时候要注意礼貌，这和你给别人写信或者当面同别人交谈时要注意礼貌同样重要。特别要注意怎样开始和结束一封邮件。根据你和收件人的关系，你可以在落款处加上“你忠实的朋友”或者“希望尽快见到你”。在邮件发出之前，通读一遍你写的内容。如果你觉得别人有可能会误会你所说的话，就重写一封。

活动15

你要去做的

在下面的空白处，给你喜欢的一个人写封邮件。你可以写给你的家庭成员、你的朋友、你的老师或者你不认识的人，比如你所了解的一位作家、一位音乐家或者一位科学家。

收件人

副本

主题：

更多要做的……

发邮件和面对面交谈或者打电话有什么不同之处?

发邮件和面对面交谈或者打电话有什么相同之处?

你认为面对面交谈和发邮件联系哪个更容易些?为什么?

活动16

策划一个派对

小贴士

派对可以让小朋友们开心地聚在一起。提前做好准备可以让你的朋友们玩得更开心，而你也会乐在其中。

汉娜想自己准备一个生日派对。他的父母认为这是个好主意，他们让汉娜想一想她该做些什么来保证派对顺利举行。汉娜请她的朋友丹妮尔来帮忙筹备。她们两个一起想出了下面的主意：

1. 问问父母我可以邀请多少小朋友。
2. 制作一个客人名单。
3. 至少提前两周发出邀请函。
4. 至少想出三个可以在派对上玩的游戏。
5. 准备一些大多数小朋友喜欢的食物，同时也准备一些其他可选的食物。

汉娜的父母说她可以在计划中加上一条：让自己玩得开心！

你要去做的

把下图中的圆点当做派对上的小朋友。将他们用线按顺序连接起来。

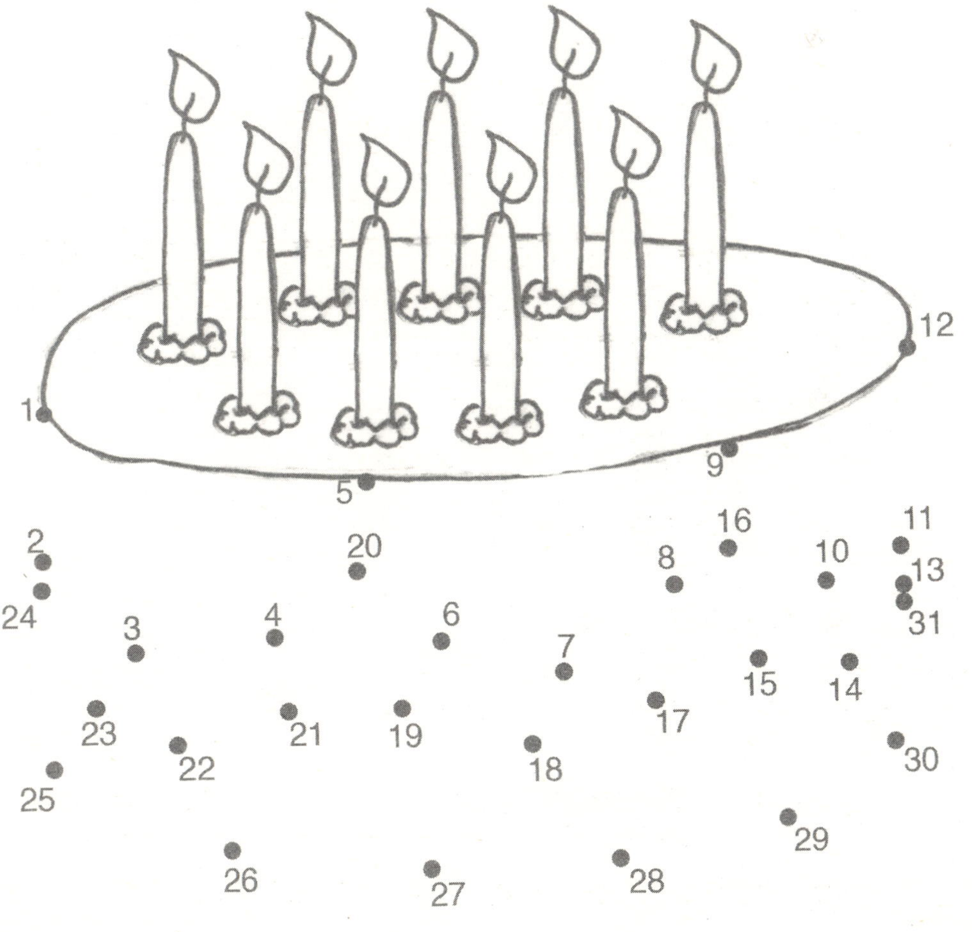

活动16

更多要做的……

你可以用什么办法把派对上的小朋友们聚在一起？

为什么在派对上让自己玩得开心很重要？

想一想在你参加过的派对中，哪一个最有趣？是什么让它那么有趣？

Section 3

第三部分

友谊中的付出和收获

The Give and Take of Friendships

做一个好朋友需要一些付出，但这是种快乐的付出。好朋友每天都会互相学习。有时候你学到的东西可以改变你的行为。这部分的活动会帮助你思考你想要改变哪些东西，或者你希望你的朋友做出哪些改变。

友谊就像玩跷跷板，一个人上升，另一个人就会下降，互相交替。如果你不按时间遵守次序，不能关注和你一起玩的小朋友，你就不能玩跷跷板。如果只有你自己，你怎么玩跷跷板呢？你一个人是玩不起来的。

学会分享

小贴士

分享是友谊中非常重要的一部分。与人分享是让别人知道你在乎他们的一个好办法。

所有社会团体——从朋友之间的小团体到整个社会，都建立在分享的基础上。小朋友们分享书籍和玩具，分享想法和信息。当帮助别人时，他们分享的是彼此的时间，他们甚至互相分享自己的朋友。

与人分享有许多不同的方法，每一个方法都会帮助你和别人建立起友谊。分享并不总是一件容易的事情，但如果你问自己：我愿意和乐于分享的人做朋友还是和自私的人做朋友？你可以变得更懂得分享。

活动17

你要去做的

在下面左边栏里写下六种你所喜欢的事物。检查列表，给最容易分享的事物标上数字1，在紧随其他的比较容易分享的事物上标2，依此类推。把你觉得最难以分享的事物标上数字6。

______________________	______________________
______________________	______________________
______________________	______________________
______________________	______________________
______________________	______________________
______________________	______________________

在右边栏里至少写下六个你愿意同他们分享这些事物的人的名字，一行可以写不止一个人名。

更多要做的……

你最喜欢同什么样的人分享？

上面列表中有没有一样东西让你觉得很难和别人分享？如果有，说出为什么。

当别人跟你分享一样东西的时候，你的感觉如何呢？

当你跟别人分享一样东西的时候，你的感觉如何呢？

遵守次序

小贴士

当你非常想参加某个活动的时候，等待轮到自己可能是非常困难的一件事情，但是这很重要。遵守次序使每个人都能获得快乐，它让你无论做任何事情都能顺利进行。

阿米德、本和凯文正在阿米德家里，他们在计划下午要做点什么。

阿米德说："我觉得我们可以……"

这时本大声地说："我知道！我们可以……"

几乎同时，凯文喊道："我有个主意。咱们去……"凯文的声音是最大的。

三个男孩儿都有想做的事情，每个人都想第一个说出自己的打算。可是他们都不懂得给别人说话的机会。他们的声音太大了，最后阿米德说："等等！我们是想度过一个快乐的下午，不是大喊大叫。如果我们轮流说出自己的主意，我们就能一起决定下午做什么了。"

你要去做的

你能帮助阿米德、本和凯文排好次序，让他们的对话变得有意义吗？把下面单词的字母重新排列顺序，看看它们都是什么活动。答案在本页下方。

IVEOM（看电影）

____

PAKE（去公园）

____

CERCOS（踢足球）

____

SUMUME（去博物馆）

____

ODRA AGEM（玩棋盘游戏）

____

NUF URN（跑着玩）

____

答案：movie；park；soccer；museum；board game；fun run

活动18

更多要做的……

你能想出另外4种大家要轮流做事的情况吗？

1. ____________________

2. ____________________

3. ____________________

4. ____________________

选择其中一种情况，说说如果大家不按次序来会怎样？

____

____

____

____

说一说有没有什么时候有人插队或者拒绝按次序进行。对此你有什么感觉？

____

____

____

____

学会倾听

小贴士

想让其他小朋友知道你关心他们说的话，最好的方式之一就是认真倾听。如果你仔细听别人说话，别人也会仔细听你说话的。

互相倾听是遵守次序的另一种方式。当别人没有注意自己在说什么的时候，大多数孩子能立刻感觉到。

你怎么知道别人在听你讲话呢？当别人在听你讲话时，他们通常会与你做眼神交流，对你所说的表现出感兴趣的样子，还会针对你所说的提问题。你说完之后，他们会记住你告诉他们的话。

活动19

你要去做的

出色的记者都是优秀的听众。他们会认真倾听，提出合适的问题，并且记住他们所听到的。找一位朋友或家人，请他们跟你讲讲关于他们自己的一件事——他们身体怎样，最近做了什么事情或者任何他们想谈论的事情。认真倾听他的讲述，但是不要做笔记。只是认真去听，注意提出巧妙的问题，让他们讲得更多。

结束之后，在下一页上方写下这个人的名字，然后写下你听到了什么。

	我从______那里听到：

活动19

	我从__________那里听到：

更多要做的……

当别人认真听你说话时，你有什么感觉？

当别人没有认真听你在说什么时，你有什么感觉？

你觉得记住你采访的人所说的话很容易还是很困难？

为了下次做一个更好的听众，你打算怎么做？

活动20

学会赞美别人

小贴士

真诚地赞美别人会给人带来美好的感觉，而你自己也会感觉棒极了。

你对别人说的话会对他们产生很大的影响。如果你对别人的成就和努力给予真诚地赞美，那么他们一整天都会非常高兴的。

有时候赞美别人也需要一点小窍门。比如你一个腼腆的朋友想试着参加学校的戏剧表演并且想得到你的鼓励。即使你不认为他擅长表演，你仍然可以在他身上找到值得赞美的地方。比如，你可以赞美他拥有尝试新事物的勇气。

你要去做的

在下面的情景中，分别写出一句真诚的赞美。

朋友刚刚理了一个漂亮的发型。

姐姐在科学大会上得了一等奖。

妈妈为你的生日宴会做了一道新菜，你知道妈妈非常努力去做了，但是你并不喜欢这道菜。

一位同学从没写过诗歌，但是他决定参加学校的诗歌比赛。他很担心别人会怎么评论他写的诗。

一位家庭成员为了保持好身材，开始做运动，但是一周后就坚持不下去了。

活动20

更多要做的……

想一想别人对你的哪一个真诚的赞美曾让你感觉特别棒？为什么这个赞美对你很重要？

____

____

____

是什么让你觉得这个赞美是真诚的？

____

____

____

做个优秀的领导者

小贴士

当一组人需要一个领导者或者当你对小组里其他人的做法不太认同时，你就要站出来做个领导者。

做个优秀的领导者要承担很多责任，这一点并不简单。你必须知道你的目标是什么，同时还要相信自己有能力带领其他人达到这个目标。所有优秀的领导者在做决定之前都会认真听取别人的意见。

可能你会遇到这样的情况，小组中的全部决定都是由某个孩子或是某几个孩子做出的。这时如果你想要提出不同的想法，你就必须劝服别人听从你的建议。

活动21

你要去做的

下列的八个词语描述了一位优秀的领导者应具备的品质。你能否在下面的词条检索中找出它们？

一位优秀的领导者是……

WISE	明智的	CAREFUL	认真的
DECISIVE	果断的	HELPFUL	乐于助人的
ATTENTIVE	专心的	CONFIDENCE	自信的
GENEROUS	慷慨的	HONEST	诚实的

E	J	U	K	P	C	O	N	F	I	D	E	N	T	V	R
C	P	B	E	F	N	N	M	G	W	C	X	L	K	Y	J
R	A	M	L	E	M	P	L	T	L	W	P	L	Q	Y	A
E	A	R	K	F	N	O	K	G	O	I	O	K	A	H	E
E	S	L	E	V	B	I	J	F	U	S	I	J	Z	N	H
P	D	P	J	F	V	Y	H	V	T	E	U	J	X	M	U
K	G	K	G	A	U	L	F	N	W	H	T	G	W	H	F
U	H	N	F	Y	C	L	D	H	S	R	R	F	E	O	A
Y	J	I	D	U	X	T	S	U	D	E	E	D	D	N	T
T	K	N	S	I	Z	R	A	J	F	S	W	S	C	E	T
H	L	D	E	C	I	S	I	V	E	F	Q	A	V	S	E
E	Q	U	S	P	S	E	A	E	U	F	A	A	F	T	N
L	W	H	P	L	D	W	S	S	H	K	S	I	R	U	T
P	E	B	O	N	F	Q	E	X	N	H	D	U	T	I	I
F	R	Y	I	N	G	A	D	Z	G	E	F	Y	G	K	V
U	T	G	U	F	H	S	R	A	R	E	F	R	B	L	E
L	Y	V	Y	R	J	G	E	N	E	R	O	U	S	O	Q
D	U	T	T	D	L	D	T	O	R	C	G	R	T	P	P

更多要做的……

列举出你钦佩的3位领导者。他们可以是公众人物，如社区领导，或你自己家里或朋友当中的领导者。

1.______________________________

2.______________________________

3.______________________________

告诉大家在什么事情中其中的一位领导者显示出了你在词条检索里找到的那些品质。

____

____

____

你认为哪一条品质对于一位优秀的领导者来说是最重要的？告诉大家你的理由。

____

____

____

活动22

懂得什么时候听从别人

小贴士

在不同的情况下，我们每个人有时是个听从者，有时是个领导者。关键在于什么时候该听从，听从什么人。

一年夏天，大卫、凯西、丽莎和汉四人以及他们的父母一起去露营。当父母都在露营地休息时，这四个好朋友决定徒步穿过附近的树林。

几个人高兴地在树林里逛了一阵，来到一个十字路口前。他们意识到已不记得自己是从哪条路走来的，也不知道该走哪条路回去。每个人都有各自的意见。大卫认为他们应该走蓝色的小路，凯西选择走橘黄色的，而丽莎觉得大家应该走黄色的小路。

另外三个人在讨论的时候，汉却沉默不语。最后他说，“我很确定我们应该走白色的这条路。我记得这些白色的标记就像是树枝上挂的雪，我还好奇要是冬天来这里露营会怎么样。”大卫、凯西和丽莎都觉得汉的话是有道理的，并且汉的决定通常都很周全，于是他们不再争论。几个人跟随着汉沿着白色的小路安全地返回了营地。

你要去做的

读一读下面的几个情形。在你认为应该听从别人意见的情形旁边打“√”，在你认为不应该听从别人意见的情形旁边打“×”。

________放学后，一个朋友在公园组织了一场足球比赛。你一直都担当守门员，这是你最喜欢的位置。而这一次，你的朋友坚持要当守门员，让你做前锋。

________班上的一些女孩告诉你，他们一直在给班上新来的同学发恶意邮件，想让你加入她们。

________班上的一位同学组建了一个乐队，可是他们的鼓手退出了，所以他想让你加入。你很喜欢乐队里的其他成员，也很高兴有人和你一起玩，但是你对于他们表演的音乐类型不是很感兴趣。

________学校的一些同学组织了一个数学学习小组，邀请你加入。你害怕别的同学会嘲笑你数学不好，不过加入却能帮助你提高你的数学能力。

________你和其他几个同学在一位朋友家玩。大家玩得正开心时，你的朋友建议大家用恶作剧捉弄他的弟弟。其他人似乎都很赞同这么做。

活动22

更多要做的……

对于听从别人，你认为最容易做到的是什么？

听从别人在有些时候是如何变成一件十分困难又复杂的事的？

告诉大家一次你听从别人的经历。事情是怎样的？

遇到麻烦要泰然处之

小贴士

能够在任何情况下都泰然自若会使你的生活更加有趣。要记得任何事都会过去，这一点是很重要的。大局才是应该关注的。学会如何一直保持对它的关注可以帮你高兴起来——即便你因为别的事，如和朋友吵架，感到失望或者因犯了一次错而心烦不已。

当一个充满期许的计划因为某个原因没能实现时，每个人都会感到失望。但是朝失望以外更远的地方去看并且想一些新的、有趣的其他可行的选择是很重要的。比如说你本来打算周六和你的朋友到公园踢足球。可是整个周六早上天气都灰蒙蒙的，大团的黑云不断聚拢，你的心情也随着时间一分一秒的逝去而越来越郁闷。终于下起雨时，你可能会烦躁不已，或者会发脾气。这些都是可以理解的，但是你必须记住更重要的事——你依旧拥有整个周日来做你喜欢做的其他事。

活动23

你要去做的

图片中的孩子们都因计划变更而感到失望。你能帮助他们把悲观的想法变成更乐观的吗?

大雨把整个周末都毁了!

李说他今天会帮我画画，可是现在他却在帮别人!

妈妈答应我今天下午带我去书店，可是现在她又说没有时间。

我多希望珍在这啊。她不在什么都玩不成。

更多要做的……

告诉大家你在雨天做过的有意思的事。

____

____

____

____

曾经有没有一件事是你起初并不想做的，但做了之后你得到了比预期更多的乐趣？给大家讲讲吧。

____

____

____

____

活动24

学会变通

小贴士

人们有时不得不改变自己的计划。一旦你度过了失望期，你会发现计划的改变会产生更好的结果。

暑假的第一天，哈利玛迫不及待地想去游泳池。又能游泳了，她十分兴奋，不过更令她开心的是能够和她的两个好朋友卡洛斯和伊丽莎白一起度过这一天。

看似很完美的一天却出现了意外状况。首先，哈利玛的妈妈说她们必须在家里等一份邮递包裹。哈利玛翻着白眼，跺着脚说："可是我不想等啊！卡洛斯和伊丽莎白一会儿就在游泳池等着我了。"哈利玛的妈妈提醒她除非她表现好才能去游泳。哈利玛努力让自己心平气和，她暗示自己只是一点点迟到，她很快就能去游泳了。

终于等来了包裹，哈利玛和妈妈去了游泳池。到了入口处，她们看到一个大的告示牌，上面写着"维修中，暂停营业"。哈利玛不相信自己有这么倒霉。当时她所能想到的就是这一整天都被毁了。整个夏天可能都被毁了！

她的妈妈说："我相信过几周游泳池又会重新营业的。为什么不打电话给卡洛斯和伊丽莎白，看他们在干什么？"哈利玛考虑了一下妈妈的建议，觉得这是个不错的主意——她要打电话给他们问他们愿不愿意到她家里玩。不管能不能游泳，他们在一起总是很开心。有了这个新的计划，哈利玛稍稍平静了一些。

你要去做的

画一张图，看看不去游泳，哈利玛、卡洛斯和伊丽莎白也可以一起做一些什么有意思的事。

活动24

更多要做的……

告诉大家你是否有过一直充满期待的计划在最后一刻突然要改变的经历。你当时是什么感受？

你觉得要适应一个新的计划容易吗？告诉大家你的理由。

有没有一次你能够适应一个新计划的经历？事情是怎样的？

言语要温和

小贴士

你对其他小朋友说的话对他们是有很大影响的，所以用温和的言语说话是很重要的。有时候甚至最好什么都不要说。

一旦你说出不友善的言辞或是批评意见，其他人会很长时间都忘不了。即便他们不会立刻做出反应，但他们一定会继续因为那些话受到伤害。如果你烦恼于某个人的做事方式，开口前先好好想一想。怎样说才能不伤害他们的感情？你能保证你的批评是公平的吗——需要做出的改变是为了他们好吗，或者是一些他们自己也无能为力的事情吗？

活动25

你要去做的

读一读下面的几个情形，然后告诉每一个小朋友他们可以说一些什么既友善又有帮助的话。如果你认为什么都不说最好，告诉大家你的理由。

自从乔治的哥哥和他的女朋友分手之后，一直很沮丧。整天下午他都躺在沙发上看电视、吃零食，而且睡很长时间的觉。乔治理解他的哥哥为什么伤心，但是分手已经一个月了，如今他哥哥的身体也不好，脾气也大，不愿意做任何有意思的事。

乔治应该对他哥哥说些什么呢？

____

____

____

____

迈克总是期待着妈妈下班后见妈妈一面。他帮妈妈做饭，妈妈辅导他完成作业。有时他们会一起打包好第二天的午餐或者玩一会棋牌游戏，之后迈克就去睡觉了。每周三和周五，妈妈需要上两个班。回来的时候，她已经又累又烦了，不想和迈克一起做任何事，而且每当迈克努力告诉她自己一天的学校生活时，她似乎心不在焉。每当妈妈有这种反应时，迈克都觉得很伤心。

迈克可以和妈妈说些什么话呢?

从一年级开始，莎拉和瓦内萨就是好朋友。不管是在学校还是周末的大部分时间，她们都一起玩。她们喜欢同样类型的音乐和书籍，对衣服的品位也是一样的。在学校她们也很受欢迎，参加很多体育项目，喜欢和人们在一起交流。一天，莎拉宣布她要放弃篮球，参加学校的诗歌俱乐部。瓦内萨很疑惑——她们俩一直都是什么事都一起做，可突然莎拉独自走向另一个方向上去了。难道她意识不到如果她开始和诗歌俱乐部的人在一起，而不再和篮球队的人一起玩，这对她们的生活会产生多大的改变吗?

瓦内萨能对莎拉说些什么呢?

活动25

更多要做的……

有没有人在某个场合对你说了些批评的话呢？当时是什么情形？

那些话让你有什么感觉？

你对说那些话的人有什么感觉呢？

保持冷静

小贴士

每个人都有生气的时候，但是你可以学习控制自己不要大发雷霆。当你冷静的时候，你才更有可能应对那些让你生气的事情。

艾迪就像火山一样时不时地大发脾气。但是如果他想和其他人一起玩的话，即便他是火山一样的人也必须学会如何控制自己的脾气。艾迪的弟弟一不小心打坏了他最心爱的CD机，艾迪感觉自己火气越来越大了。

活动26

你要去做的

给火山的最底层涂上火红的颜色。在这一层旁边的横线上写上你最生气时的感受。往上走的一层涂上像浅橘红色一样稍微冷色调的颜色，然后在它旁边的横线上写上你给艾迪的第一条建议：一些能让他开始冷静下来的事。在第三部分也做同样的工作，一直到最高层。每一次都给艾迪一些帮助他冷静下来的提示，并且随着你一步步往上，也要给每一层涂上色调越来越冷的颜色。

更多要做的……

怎样才能知道自己要发脾气呢？

______

______

______

你的声音会有什么变化？

______

______

你是如何控制你的身体的？

______

______

除了你给艾迪的建议，你还能想出其他能帮助自己控制脾气的方法吗？

______

______

______

释放自己的感情

小贴士

当你在假装自己并没有为某件事烦恼时，其实你已经把这件事堆在心上了——这只会让你更加烦恼。但是说出你的感觉可能会让你舒服点，而且还可以让你的朋友更了解你。

埃米莉非常生她的好朋友布鲁克的气。她曾无意中听到布鲁克对别的女孩说她是被宠坏的孩子。“为什么她说我被宠坏了？”埃米莉问她的妈妈，“我表现的并不像被宠坏的孩子啊，我觉得她只是嫉妒我有新衣服。”

“我不知道你说得对不对，”埃米莉的妈妈说，“为什么你不问问她为什么说你被宠坏了呢？”

“我做不到！”埃米莉告诉妈妈，“她会以为我在监视她。”

“你并没有监视她，”妈妈对她说，“你只是无意中听到她说的话，这也是没办法的。不过听起来那些话让你很生气，也很伤心。如果你不告诉布鲁克你的想法，结果会发生什么呢？”

埃米莉想了想，“这样的话，我想她就不会知道她的话伤到了我，而我会一直很生气，然后我们就没办法再做好朋友了。”

“你想要这样的结果吗？”妈妈问她。

“一点都不想。”埃米莉回答说，然后拿起电话打给布鲁克。

你要去做的

在下面的这个瓶子里列出你有时不愿对别人说的一些感受。

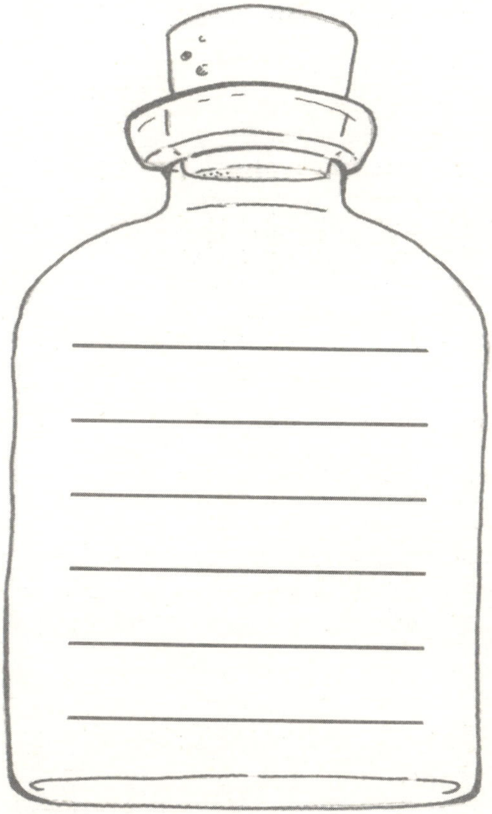

现在看看你列的每一种感受。在瓶子外面的横线上，写一写你本可以如何或者和谁分享你的感受。

活动27

更多要做的……

是什么让你把自己的一些感受放在心里？

你是否曾感到生气但又认为最好不要和别人说？当时发生了什么？

当你压抑自己的感受的时候，你的身体会有不好的反应。你可能会头痛、胃痛或失眠。这样的情况有没有在你身上发生过呢？告诉大家事情是怎么样的吧。

走出被拒绝的阴影

小贴士

尽管被别人拒绝会令你感到不快，但是你可以忘掉不快，重新恢复好心情。

被人拒绝是每个人生活的一部分，不仅对于孩子，对成人也是。这可能有点难以相信，不过被别人拒绝可以教会你一些东西。它可以帮助你思考你应该相信什么以及对你来说真正重要的又是什么。

告诉你一个面对别人的拒绝时的窍门：了解别人为什么拒绝你，然后将其抛之脑后，接着去结交新的朋友。

活动28

你要去做的

想出一次你被别人拒绝，并且受到伤害的经历。在下面的空格里，给你自己写一封信，说一说整个事情是怎么样的，你感觉如何，以及事情最终是什么结果。

从这次的经历中，你学到了什么？

如果像这样的事情再次发生，你会怎么做？

活动28

更多要做的……

告诉大家你曾经让别人感到被拒绝的一次经历，不论你的拒绝是有意或是无心的。

当你拒绝别人之后的那一刻，你感觉如何？

现在想想你当时对别人的拒绝，又有什么感想？

Section 4

第四部分

理解和关心你的朋友

Understanding and Caring About Your Friends

理解别人的感受被称为“共鸣”。有些孩子很容易就能够体谅别人，他们对朋友的感觉也十分敏感。而另外一些孩子觉得体谅别人很难。他们想说什么就说什么，想做什么就做什么，并不会去想他们的话或者行为会给别人带来什么影响。

关心与共鸣是紧密相连的。你对朋友表现的关心越多，他们越会觉得你理解他们。你对朋友表示关心是绝不会错的。

关注别人的感受

小贴士

尽管人们从不去想周围人的感受，但他们却经常能感受到。可能你还没有时间去想，“今天我的好朋友看起来不开心”或是“妈妈今天心情不错”，但只要你在他们周围，你就会突然感觉到一丝忧伤或是一丝欢快。

当你和别的孩子说话时，很重要的一点就是要关注他们的感受。你可以通过以下方法来做到这一点：你可以认真地听他们讲话，观察他们的肢体语言，也可关注自己感情的变化。如果对你来说，一切都很顺利，那么他们应该感觉也很顺利。但是如果你觉得有点不对头，很可能是真的出问题了。

心情平静的时候，人们更容易注意到别人的感受，但是很多时候人们都很匆忙——特别是大人们。他们可能奔波于家庭与工作之间，也可能急于完成自己的差事或急于在一天内要把所有的事情都做好。人们在忙碌的时候，对于能告知别人心情好坏的细枝末节就很难注意到了。

活动29

你要去做的

在不引起别人注意的情况下，在一天的时间里观察三个人。不管他们说什么做什么，努力去发现他们真正的感受。你无需直接和他们交谈，只要能离他们很近，听得清他们说什么并且能观察到他们的肢体语言就好。

目标一

这个人第一眼看上去似乎有什么感受？

____

____

你觉得他/她真正的感受是什么？

____

____

是什么让你得出这样的结论？

____

____

目标二

这个人第一眼看上去似乎有什么感受？

你觉得他/她真正的感受是什么?

是什么让你得出这样的结论?

目标三

这个人第一眼看上去似乎有什么感受?

你觉得他/她真正的感受是什么?

是什么让你得出这样的结论?

活动29

更多要做的……

想象一位朋友或家人。你如何知道他/她在生气?

你如何知道他/她的心情特别好?

你如何知道他/她的心里很难过?

帮助别人

小贴士

帮助别人很重要，也很简单。在别人开口要求帮助之前，你甚至就有机会帮助他们。

布兰登给他的朋友乔什打电话说："我们骑自行车去吧。"乔什回答说："我去不了，我要先把房间收拾干净才能出去。"于是布兰登主动提出帮他，很快两人就收拾完，骑自行车去了。

瑞秋注意到朋友杰西卡十分烦躁。"出什么事了？"瑞秋问她。杰西卡回答说："我不知道该怎么做这个手工作业。"瑞秋说："让我来帮你吧。"她们的美术老师看到瑞秋和杰西卡分享自己的想法，对她投以赞许的笑容，杰西卡也开心地笑了。

詹姆斯刚来到一个新学校，忘记了自己的储物柜在哪。安德鲁看到了困惑的詹姆斯，问他是否需要帮忙。詹姆斯说："我找不到储物柜了。"于是安德鲁主动提出带他到储物柜那里去。在去的路上，他们谈论了自己喜欢的运动，发现两个人都喜欢同一个运动员。

布兰登、瑞秋、安德鲁都明白这样一个道理，那就是帮助别人是交朋友和维系友谊的好方法。

活动30

你要去做的

在石头所在的空白处填上你曾经帮助过别人的大大小小的事例，完成图上的这座桥。

更多要做的……

告诉大家三种别人帮助过你的方式。

____

____

____

在别人帮助你的时候，你有什么感受？______________________

在你帮助别人的时候，你又有什么感受？______________________

你觉得谁是你所认识的人里最乐于助人的？______________________

告诉大家一件他/她帮助别人的事例。

____

____

____

活动31

不要做“太和善”的人

小贴士

你一直想着如何尽可能地对别人友善，如何帮助别人。但是，信不信由你，你有可能会对人“太和善”了。

亚历克斯总是愿意帮助别人。他的妈妈提醒他要想想自己是否对别人“太和善”了。妈妈告诉他，在要帮助别人时问问自己，别人是否真的需要他的帮助，还是只是利用了他善良的秉性。

避免自己成为“太和善”的人的最好的方法就是要注意别人对你的态度。他们有没有在你帮助他们之后，反过来帮助你呢？如果你主动向他们提供帮助，他们是否同样会这么做呢？在你努力对他们友善的过程中，他们是对你表示感激，还是对你的帮助毫不领情，甚至表现出厌倦？

你要去做的

读一读下面的事例。然后在表格的左栏再举出三个你认为应该帮助别人的事例，在右栏再举出三个帮助别人是对别人“太和善”的事例。

帮助别人是好事	对人“太和善”
亚历克斯的弟弟让他帮忙辅导数学作业。	亚历克斯的同学让他替自己写数学作业。

活动31

更多要做的……

你认为谁是你所认识的人里最和善的人？______________________

告诉大家一件他/她是别人的好帮手的事例。

____

____

____

说一个你觉得“太和善”的人。

____

____

____

为什么对人“太和善”也会出问题？

____

____

____

把所有人都包括进来

小贴士

大多数孩子都喜欢和一帮亲密的朋友，甚至是一个特别好的朋友在一起玩，但是很重要的一点是，在这个过程中不要把其他人排除在外。把别人排除在外就是拒绝别人的一种表现，而我们知道这会令人不悦。友谊是双向的——如果你让他们加入你的圈子中，很可能他们也会让你加入他们。

布赖恩喜欢打篮球，也打得很好。他尤其擅长带球、传球，当然还有投球。作为一名如此优秀的运动员，他开始和比自己大一岁、两岁，甚至三岁的孩子一起打球。而且他依然是球场上最优秀的篮球手。

但是一打完球，其他的孩子就聚在一起玩，他们却从不邀请布赖恩加入他们。他们总是骑上车子就走了，剩下布赖恩一个人在篮球场上。尽管布赖恩也想和他们一起玩，但因为胆小害羞而不敢说，只能自己一个人回家。

一天，在一场球赛之后，布赖恩感到特别孤独。比他大的孩子都去买冰激凌了，还是没有叫上他。他自己投了一会儿球，然后就回家了。

布赖恩一回到家，他的弟弟山姆就问他想不想一起去打球。“不想去，”

布赖恩回答说，“你太小了。”山姆很伤心，他想和他的哥哥一起打球，可是哥哥从来都说没有时间。

山姆和布赖恩各自呆在自己的房间里，两人都感觉很难过。他们都觉得没有人能和自己一起玩。

有很多像布赖恩一样的孩子。他们只想和一帮朋友一起玩，当别人不接纳他们的时候就会感到不开心。但是他们却没有注意到不管是在学校里、邻居中间，甚至在家里，还有很多其他的孩子愿意做他们的玩伴。

你要去做的

在每一个圆圈里，写下一些你知道他们彼此是好朋友的孩子的名字。你可以把自己写在任何一个圆圈里。

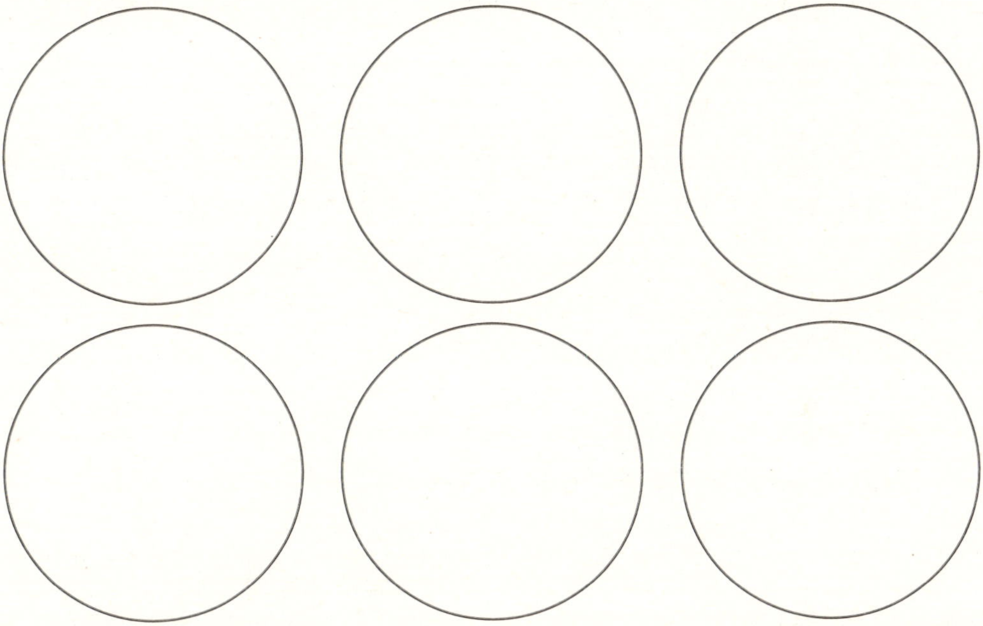

一个排外的小组不会让任何人加入。这其中哪一组是最排外的？用黑色的粗线描那一组圆圈的边框，表示要加入这一组很难。一个包容的小组可以让任何人加入。选出最具包容性的那一组，用由点组成的细线描它的边框，表明别人可以很容易地加入这一组。

现在分别用粗、细两种线条描其他圆圈的边框，越难加入的小组用的线越粗。你认为哪一小组的朋友是最友善的人？

活动32

更多要做的……

告诉大家你被别人排除在外的一次经历。

你是否有过自己排斥他人的经历？告诉大家事情是怎样的吧。

为什么你认为具有包容性的小组更好？

你认为一群群的朋友之间怎样才能更具包容性呢？

不是针对你个人

小贴士

我们每个人都很注意别人的感受，但是别人的心绪变化是发生在他们生活中的事情所致，知道这一点也是很重要的。如果你的朋友发脾气或者你的兄弟很生气，这很可能和你一点关系也没有。

孩子会因为各种各样的理由有各种各样的心情。有时当人们甚至都不知道自己为什么这么烦躁时，就会对离他们最近的人发怒。当别人对你大吼大叫的时候，你很难让自己不去介意，但是在你生气或者反驳之前，想一想可能是什么原因让那个人这么生气。

活动33

你要去做的

丹尼尔平时都很和善，他和皮特相处得很好。尽管他们不是亲密的朋友，但当丹尼尔问皮特是否愿意和他一起做科学作业的时候，皮特还是很高兴地答应了。

丹尼尔想做一个喷射假熔岩的火山，不过老师认为这个制作过程太复杂，让他们再想一个别的项目。皮特提出画一个火山的截面图，并涂上颜料来表示熔岩是如何喷出地表的。他对自己的这个想法十分兴奋，因为他喜欢画画，也是个不错的美术家。可是丹尼尔却冷冷地看了他一眼，说："这个想法真愚蠢。"

在下面的横线上，写出三件在皮特没有把丹尼尔的话看做是针对他个人的情况下，可能会想的事。

1. ____

____

2. ____

____

3. ____

____

更多要做的……

想出你认识的一个人，他/她的话很伤人，但是他/她并不是故意对人不友善。

你认为为什么这个人总是这样说话？

____

____

____

如果你和这个人在一起的时候，你会怎么应对他/她的话？

____

____

____

活动34

原谅别人

小贴士

当我们在一定程度上表现得自私或者伤人的时候，我们都希望别人能原谅自己。在你的一生中，你总会有请求朋友原谅自己的时候，也会有别人请求你原谅的时候。

一个周五，班里的其他人都去吃午饭了，海莉的老师把她留了下来。“一切还好吗，海莉？”斯莱特小姐问她，“你整整一周看起来都很苦恼。”

海莉几乎都要哭出来了：“事情糟透了！我以为安妮是我的朋友，可是上个周末她邀请了一些人去她家里玩通宵，却没邀请我。”

斯莱特小姐说：“那你有没有和她说过这件事呢？”

海莉说：“当然说了。我对她说她伤害了我的感情。她说她并不是故意的，她只能邀请几个人，所以就请了平时不经常在一起玩的人。她说她对伤害了我的感情感到很抱歉，不过我才不管呢，我还是很生气！”

斯莱特小姐点点头说：“我可以理解你为什么生气，但是你和安妮已经做朋友很久了。你可以选择继续生她的气，也可以选择原谅她。哪一个会让你感觉好受一点，哪一个会让你和安妮像以前一样开心地一起玩呢？”

那天下午，海莉给安妮打了电话：“没关系，我知道你并不是故意伤害我的感情的。”海莉原谅了安妮，两个人都很开心，她们决定玩通宵来庆祝。

活动34

你要去做的

在下面的空白处，写出一个人很严重地伤害了你，但你却原谅了他/她的一次经历。一定要写出你是如何原谅他/她的。你是在心里原谅了他/她，还是亲自告诉那个人你原谅了他/她？

更多要做的……

告诉大家是什么让你决定原谅那个人的？

____

____

____

自从你原谅了那个人之后，你们的关系有什么变化？

____

____

____

为什么你认为原谅别人很重要？

____

____

____

尊重差异

小贴士

差异让这个世界更美好。即便是你的朋友和你之间细微的不同之处也会让你们相处的时光更有乐趣。

大多数孩子在很多方面是相似的。比如说，他们都想让别人喜欢自己；他们都想把事情做好；事情顺利时，他们都会更开心。而且常常，朋友之间都能够相处得很好。但这并不是说他们对每件事都意见一致，也不意味着他们在任何一方面都有共同点。朋友之间总会有差异——孩子们有不同的才能、经历和信念。

你要去做的

在下面表格的空白处写下三个朋友的名字。列出你和每个人不同的方面。然后说一说这些差异对你来说是否重要。如果你觉得很重要，告诉大家你的理由。

朋友的名字	不同之处	这种差异重要吗
1.		
2.		
3.		

活动35

更多要做的……

你和你的朋友之间是否存在一些你觉得难以接受或者难以理解的差异？

这种差异是什么？

这种差异对你们的友情有什么影响？

Section 5

第五部分

讲　和

Peacemaking

每个人都有和朋友闹矛盾的时候。可能每一天你都能看到孩子们之间甚至大人之间意见不合。当人们意见不合时，会做不同的事。有些事对两个人是很没有帮助的，像争吵、闹脾气、互相辱骂或者进行冷战。但是也有一些积极的方法可以解决分歧，比如说妥协、理解另一方的观点，当然如果你做错了事，还可以道歉。

当你学会了和别人讲和的技巧，你就可以和任何人融洽相处了。

和难相处的孩子打交道

小贴士

我们都需要和我们觉得难相处的人打交道。有时你可能知道为什么你觉得某人难相处。也许是你不喜欢这个孩子对待其他人的方式，也许是你认为他/她品质不好。更有时候你可能并没有任何理由就只想离某个孩子远远的。

有一些孩子真的很有趣，也很好相处。他们总是看起来很开心，喜欢做各种各样的事。每个人似乎都想成为他们的朋友。

也有一些孩子很难相处。他们可能脾气很坏、性格暴躁，或者喜欢吹毛求疵。他们有时会去戏弄或欺负别的孩子。也许你希望避免遇到这样的孩子，但这是不太可能的。

学习如何和难相处的孩子（也有难相处的大人）打交道是个不错的主意。当你学会了和难相处的人打交道，你就可以和任何人融洽相处了！

活动36

你要去做的

想一想有没有一个你必须经常打交道，却又不太好相处的人。不用提这个人的名字，列出一些他/她烦扰你的方面。

____

____

为什么你觉得这个人十分难相处?

____

____

你觉得你对待他/她的方式有没有造成什么问题?解释一下你的回答。

____

____

列出你可以做的四件事或者可以说的四句话，来让你能继续和这个人和平相处。

1. ______________________________

2. ______________________________

3. ______________________________

4. ______________________________

更多要做的……

你认为大多数别的孩子也觉得这个人难相处吗？

为什么你这么想？

难相处的人如何让自己的生活有时也变得不太好过？

想想多数孩子都喜欢和谁一起玩？那个人是怎样为人处事的？

活动37

社团与小集团

小贴士

社团与小集团是两个不同的概念。两者的成员都是有共同兴趣的孩子，但是社团是对任何有同一兴趣的孩子开放的，而小集团则不接纳很多孩子，即使他们想加入。

小集团是生活中的一种现象。你可能在学校里看到，在大人们工作的地方，这种现象也会出现。小集团的成员都有一些共性，比如，他们可能在学校都特别受欢迎或者都是篮球队的队员。和其他社团组织的不同之处是，小集团不允许其他孩子加入。而且，小集团里的成员经常表现得好像他们高人一等似的。

社团则经常欢迎新成员的加入，而且孩子们可以加入许多不同种类的社团，有电脑社团、魔术社、球迷协会和社区服务团体等。在你住的社区可能也有很多你可以加入的社团吧，或者你还可以创建你自己的社团！

你要去做的

在下面的空白处画出你自己的社团会所，把社团的名字写在会所前面的标牌上。

你会邀请谁加入你的社团呢？

____

____

____

你们的成员在一起都会有些什么活动呢？

____

____

____

活动37

更多要做的……

想一想你学校里的一个小集团。其中的每个成员与其他成员之间有什么共同点？

现在想一想这个小集团里的每一个人，他们各自又有什么不同之处？

当你把小集团里的成员想成是普通的个人的时候，你对这个组织的看法有什么改变？

你更想加入社团还是小集团呢？告诉大家你的理由。

维持和睦的关系

小贴士

小朋友之间不会总是和平相处。有时候你可能会直接卷入一场争论之中，而有时你则是旁观者。有很多方法可以让你帮助那些产生纷争的人们维持和睦的关系。

既然现在你已经知道怎样注意和调整自己的感受，也懂得了如何更好地理解在不同的情形下其他孩子的感受，现在是学习另一个更难的技巧的时候了。帮助别人解决麻烦是一个非常重要，也很难掌握的技巧。

活动38

你要去做的

一只松鼠和一只鸟因为公园里的一根树枝产生了很大的争论。松鼠喜欢沿着树枝跑以加速跳到社区中心的屋顶上，到那里捡掉落的橡子。而小鸟选了同一根树枝建它的巢，因为那里高度正好，也有足够多的树荫。

在下面的横线上写下两个能解决松鼠和小鸟纷争的方案。

方案 1

方案 2

更多要做的……

描述一个争执，并且这个争执的确发生在了你认识的两个孩子之间。

你能想出一个能帮助他们解决争执、重归于好的方案吗？

如果你试图帮助他们解决冲突，他们可能会有什么反应？要知道，这些反应可能是好的，也可能是不好的。

道　歉

小贴士

我们每个人都会犯错，也会忘记向别人承诺的事。学会如何在适当的时间道歉将会有助于友情的顺利发展。

很多时候，可能你都要以这种或者那种方式向别人道歉。道歉也因事情的大小不同而有区别，有因为小事而道歉的，也有因为大事而道歉的。你可能因为在超级市场不小心撞到人而道歉，你也可能因为没有遵守承诺向朋友道歉。

“我很抱歉”是我们对别人所说的话中最复杂的一句。根据我们说这句话的不同方式，这几个字听起来可以表示同情、真诚、讽刺、虚情假意或是刻薄。我们说话时所用的语调以及我们的肢体是如何表现的，都是很重要的。

你要去做的

给你的朋友、家人或任何其他你觉得有歉疚的人写一封道歉信。你的道歉可能是因为最近发生的一件事，或是很早以前发生过的事。你可能从来没有因这件事向别人道歉，或者你觉得你当时的道歉本可以做得更好。

活动39

更多要做的……

在你写道歉信的时候你是什么感受？

想一想有没有一次经历，是别人因为一件曾经很让你心烦的事真诚地向你道歉。他/她的道歉让你有什么感受？

这份道歉对于你原谅他/她有没有帮助？

你是如何知道这份道歉是真诚的？

妥 协

小贴士

经常会发生这样的事：我们想要一样东西，而我们周围的其他人想要另外的东西。妥协的意思就是在你和其他人想要的东西中间找一个折中的办法。在一个完美的妥协中，每个人都很乐意做出让步。

凯西和凯拉是朋友，但有时会意见不合。一天，凯拉的妈妈提出带她们出去吃午餐，让她们决定去哪里吃。不一会就听到了两个人的争吵。“披萨！”凯西高声地说。而凯拉嗓音更大，她叫着：“不行，我要吃汉堡！”

凯拉的妈妈听了一会他们的争吵，然后走进房间说：“你们为什么不想出一个妥协的办法呢？你们可以想出一个两人都愿做出让步的方案。”

两个女孩想了想，凯西于是说：“我想到了！我们可以去购物中心，在美食广场吃午餐，这样你就可以吃汉堡，我也可以吃我的披萨啦。”

“好主意！”凯拉说。接着她们去了购物中心，惬意地享用了各自的午餐。

活动40

你要去做的

下面有三栏表格，第一栏和第二栏里分别写的是凯西和凯拉各自喜欢做的事，你能为每种情形想出一个妥协的方案吗？

凯西想……	凯拉想……	妥协方案
在披萨店吃午餐	在汉堡店吃午餐	在美食广场吃午餐，两人可吃到各自想吃的东西
去公园	去看电影	
玩通宵的时候做饼干	玩通宵的时候玩棋盘游戏	
和凯拉一起上芭蕾舞课	和凯西一起上溜冰课	
邀请她们的朋友斯蒂芬妮过来玩	邀请她们的朋友泰勒过来玩	

更多要做的……

你能再写出一些你最近做出的妥协吗?

你想要的	另一个人想要的	妥协方案